1822-1892.

JUBILÉ DE M. HERMITE

(24 DÉCEMBRE).

PARIS,
GAUTHIER-VILLARS ET FILS, IMPRIMEURS-LIBRAIRES
DU BUREAU DES LONGITUDES, DE L'ÉCOLE POLYTECHNIQUE,
Quai des Grands-Augustins, 55.

1893

1822-1892

JUBILÉ DE M. HERMITE

(24 DÉCEMBRE)

PARIS,
[illegible]
DU BUREAU DES LONGITUDES, DE L'ÉCOLE POLYTECHNIQUE,
Quai des Grands-Augustins, 55.

1893

JUBILÉ DE M. HERMITE.

Cliché Pirou — héliog. Dujardin

Ch. Hermite

Imp. Ch. Wittmann

1822-1842

JUBILÉ DE

PARIS

1822-1892.

JUBILÉ DE M. HERMITE

(24 DÉCEMBRE).

PARIS,
GAUTHIER-VILLARS ET FILS, IMPRIMEURS-LIBRAIRES
DU BUREAU DES LONGITUDES, DE L'ÉCOLE POLYTECHNIQUE,
Quai des Grands-Augustins, 55.

1893

JUBILÉ DE M. HERMITE

A l'occasion du soixante-dixième anniversaire de M. Hermite, un Comité de géomètres français et étrangers s'était formé et avait envoyé aux mathématiciens de tous les pays la lettre suivante :

MONSIEUR,

Dans quelques mois, l'un des plus éminents géomètres de notre siècle, M. Hermite, va avoir soixante-dix ans. Sa vie tout entière a été consacrée à la science. Depuis ces précoces travaux qui attiraient sur un jeune écolier l'attention de Jacobi jusqu'à son récent Mémoire *Sur les applications des fonctions elliptiques,* il a sans cesse marché de découverte en découverte. De tous ces efforts il s'est toujours cru assez récompensé par les progrès de ses deux sciences de prédilection, l'Arithmétique et l'Analyse, et il n'a recherché ni les honneurs ni la gloire.

Mais s'il fuit une notoriété bruyante, il ne repoussera pas sans doute un témoignage sincère de reconnaissance et de respect. C'est pourquoi un groupe d'élèves et d'admirateurs de M. Hermite croit devoir faire appel à ceux qui ont suivi ses leçons, comme à ceux qui l'ont approché ou qui ont d'une manière quelconque subi son influence.

Tous, en effet, nous lui devons beaucoup; non seulement sa parole, ses ouvrages et ses conseils ont guidé nos premiers pas, mais sa vie nous a donné un grand exemple : elle nous a appris à aimer la science d'un amour désintéressé.

Puisse notre concours lui prouver que cette leçon n'a pas été perdue et combler un de ses vœux les plus chers en lui donnant l'espoir que d'autres récolteront un jour la moisson qu'il a si libéralement semée.

Nous espérons, Monsieur, que vous êtes dans les mêmes sentiments et que vous penserez comme nous que le meilleur moyen de prouver à M. Hermite notre respectueuse admiration, c'est de lui offrir, à l'occasion de son soixante-dixième anniversaire, une médaille reproduisant son effigie et dont nous confions l'exécution à l'un des plus illustres graveurs de notre époque, avec une adresse portant les signatures de nombreux amis de la science.

Eugenio Beltrami, rue de Panisperna, 89, Rome (Italie).
Nicolas Bougaïeff, rue Arbate, maison Bachmanof, n° 11, Moscou (Russie).
G.-H. Darwin, Newnham Grange, Cambridge (Angleterre).
G. Darboux, Faculté des Sciences, Paris (France).
L. Fuchs, Université de Berlin (Allemagne).
C.-F. Geiser. École Polytechnique fédérale, Zurich (Suisse).
G.-B. Guccia, 28, via Ruggiero Settimo, Palerme (Italie).
C. Jordan, 48, rue de Varenne, Paris (France).
Sophus Lie, Université de Leipzig (Allemagne).
L. Lindelöf, Skolöfverstyrelsen, Helsingfors (Finlande).
R. Lipschitz, Université de Bonn (Allemagne).
P. Mansion, Université de Gand (Belgique).
G. Mittag-Leffler, Djursholm-Stockholm (Suède).
H. Poincaré, rue Claude-Bernard, 63, Paris (France).
Simon Newcomb, Washington U. S. (Amérique).
H.-G. van de Sande Bakhuyzen (Hollande).
Cyparissos Stephanos, Université nationale, Athènes (Grèce).
Gomes Teixeira, École Polytechnique de Porto (Portugal).
Édouard Weyr, École Polytechnique tchèque, Prague (Bohême).
Émile Weyr, Hauptstrasse, 96, III, Vienne (Autriche).
H.-G. Zeuthen, Université de Copenhague (Danemark).

Le Comité avait confié à M. Chaplain, membre de l'Institut, le soin de reproduire sur un médaillon les traits de l'illustre Maître. Le 24 décembre, les élèves, les amis et les admirateurs de M. Hermite se sont réunis, dans la nouvelle salle du Conseil académique à la Sorbonne, pour lui offrir, dans une cérémonie d'un caractère tout intime, l'œuvre du célèbre graveur. M. Charles Dupuy, Ministre de l'Instruction publique, avait bien voulu présider cette fête. Aux côtés du Ministre, avaient pris place M. Due, Ministre de Suède et de Norvège; le Général Gebhart, commandant l'École Polytechnique; M. Liard, directeur de l'Enseignement supérieur; M. Gréard, vice-recteur de l'Académie de Paris; M. d'Abbadie, président de l'Académie des Sciences; M. Perrot, directeur de l'École Normale; M. Mercadier, directeur des Études à l'École Polytechnique; M. Tannery, directeur des Études à l'École Normale; M. Schwarz, professeur à l'Université de Berlin; M. Greenhill, de la Société royale de Londres. On remarquait dans l'assistance une délégation du Conseil général des Facultés, un grand nombre de confrères de M. Hermite à l'Académie des Sciences, des professeurs du Collège de France et des diverses Facultés.

M. Darboux, membre de l'Institut, doyen de la Faculté des Sciences, prenant le premier la parole au nom du Comité, prononce le discours suivant :

Monsieur le Ministre,

Messieurs,

Il y a un peu plus de cinquante ans, l'élève Hermite du lycée Louis-le-Grand concourait ici même, dans cette maison, avec ses camarades des autres lycées, pour le prix de Mathématiques spéciales. Sa composition, j'ai le regret de le dire, n'obtenait pas le prix; mais pourtant les fines remarques qu'elle contenait nous ont été conservées; on s'étonne qu'elles ne lui aient pas assuré le succès, et elles demeurent aujourd'hui encore ce que l'on a ajouté de plus ingénieux et de plus original au théorème de Descartes.

Deux ans après, M. Hermite, devenu élève de l'École Polytechnique, entrait en correspondance avec l'illustre Jacobi et se plaçait immédiatement, par une simple lettre de quelques pages, sur le même rang que les meilleurs analystes de l'Europe.

D'autres, Messieurs, vous diront les grandes et belles découvertes qui devaient suivre et que faisaient prévoir ces éclatants débuts. Pour moi, je veux me contenter ici de retracer à grands traits la belle carrière que nous honorons aujourd'hui, d'y séparer surtout deux périodes bien distinctes : la première, presque entièrement consacrée aux méditations solitaires, à ces recherches profondes qui absorbent pendant des journées entières la pensée du savant; la seconde, dans laquelle, sans abandonner ses travaux, M. Hermite a été conduit à prendre la part la plus active à l'Enseignement et à la haute direction des études mathématiques. C'est à l'École Normale, en 1862, que commence cette seconde période, grâce à l'heureuse initiative de M. Pasteur, qui fit créer pour M. Hermite une maîtrise de conférences nouvelle; mais l'École Polytechnique et la Faculté des Sciences ne tardaient pas à l'appeler à leur tour et à lui confier les enseignements les plus importants.

Dans une lettre écrite à Legendre en 1832, Jacobi faisait déjà remarquer que les fonctions elliptiques devaient prendre place dans notre enseignement supérieur. Grâce à l'influence exercée par M. Hermite, ce vœu de Jacobi se trouve aujourd'hui réalisé et même dépassé. Mais on se ferait l'idée la plus fausse de cette influence, si on la limitait ainsi et si on la rattachait seulement aux leçons publiques que notre illustre Maître nous fait entendre depuis trente ans. Accueillant avec bienveillance toutes les communications, M. Hermite n'a pas tardé à entrer en relations avec les étudiants et les géomètres du monde entier. Répondant à tous, au plus humble comme au plus illustre, sans mesurer son temps ni sa peine, que de fois il a su répandre d'une main libérale, et sans rien réclamer pour lui-même, ces indications géniales qui, communiquées à un esprit bien doué, peuvent l'éclairer subitement, lui faire franchir le pas difficile et lui inspirer une longue suite d'excellents travaux !

Aussi, lorsque quelques-uns d'entre nous ont eu l'idée de célébrer son soixante-dixième anniversaire, c'est dans le monde entier que leur proposition a été accueillie avec empressement. Si le temps le permettait, Messieurs, j'aimerais à entrer dans le détail des adhésions que nous avons reçues. Vous verriez sur notre liste, à côté des jeunes élèves de nos lycées, ceux de l'École Polytechnique et de l'École Normale, les professeurs des collèges communaux, des lycées et des Facultés, nos étudiants et les *student* des Universités étrangères ; et partout, en France et à l'étranger, les hommes auxquels les travaux de toute une vie ont fait connaître la haute valeur de la recherche scientifique.

Tout à l'heure, Messieurs, nous vous communiquerons rapidement, pour ne pas fatiguer votre attention, les télégrammes, les adresses et les vœux que nous avons reçus de toutes parts. Mais, avant de céder la parole à M. Poincaré qui doit être l'interprète de notre Comité international, je vous demande la permission d'offrir à notre cher Maître ce médaillon, œuvre de notre confrère M. Chaplain, cette image fidèle où le grand artiste, heureusement inspiré, a su conserver l'empreinte du plus beau génie scientifique et des plus nobles pensées. Ce sera le témoignage de notre affection, de notre inaltérable reconnaissance et de l'admiration de tous ceux qui vivent là où les Mathématiques, source de toute science positive, sont honorées et cultivées.

Nous tenons aussi à remercier toutes les personnes qui ont bien voulu se réunir à nous en ce jour, et plus particulièrement M. le Ministre plénipotentiaire de Suède et de Norvège, digne représentant d'un roi qui honore M. Hermite d'une bienveillance particulière et qui a, plus d'une fois, montré par ses actes tout l'intérêt qu'il prend au développement de la Science.

Serait-il possible de vous oublier aussi, vous, Monsieur le Ministre, qui avez bien voulu vous souvenir que vous êtes des nôtres et vous arracher aux soins du Gouvernement pour vous associer à l'hommage que nous rendons à l'une des gloires de la Science française? C'est aujourd'hui, ce sera mardi encore, un jour de fête pour l'Université de Paris. Puissions-nous, puissent nos successeurs revoir beaucoup de cérémonies semblables, non moins honorables pour notre pays, dans ce beau monument que nous devons à la munificence du gouvernement de la République!

M. Poincaré présente ensuite à M. Hermite l'adresse à laquelle ont adhéré tous les souscripteurs.

Cher et illustre Maitre,

A l'occasion de votre soixante-dixième anniversaire, nous désirons vous offrir un témoignage de notre reconnaissance et aussi de notre respectueuse admiration pour tant de beaux travaux accumulés pendant un demi-siècle.

Depuis cinquante ans en effet vous n'avez cessé de cultiver les parties les plus élevées de la Science mathématique, celles où règne le nombre pur : l'Analyse, l'Algèbre et l'Arithmétique.

Toutes trois vous doivent d'inestimables conquêtes. A une époque où l'importance des fonctions abéliennes commençait seulement à être soupçonnée, après Jacobi, Rosenhain et Göpel, mais avant les grands travaux de Riemann et de Weierstrass, paraissait votre Mémoire sur la division de ces transcendantes encore à peine connues. Quelques années après, vous publiiez votre mémorable travail sur leur transformation.

En même temps vous faisiez vos premières découvertes sur la théorie naissante des formes algébriques et, attaquant successivement toutes les questions intéressantes de l'Arithmétique, vous agrandissiez et vous éclairiez d'une lumière nouvelle l'admirable édifice élevé par Gauss.

La théorie des nombres cessait d'être un dédale grâce à l'introduction des variables continues sur un terrain qui semblait réservé exclusivement à la discontinuité. L'analyse sortant de son domaine vous amenait ainsi un précieux renfort. On peut dire en effet que le prix de vos découvertes est encore rehaussé par le soin que vous avez toujours eu de mettre en évidence l'appui mutuel que se prêtent les unes aux autres toutes ces sciences en apparence si diverses.

C'était l'Arithmétique qui recueillait les premiers fruits de cette alliance; mais l'analyse en devait aussi largement profiter. Vos groupes de transformations semblables n'étaient-ils pas en effet des groupes discontinus et ne devaient-ils pas engendrer des transcendantes uniformes, utiles dans la théorie des équations linéaires? Pour la même raison vous deviez être séduit par les propriétés des fonctions elliptiques et par cette facilité presque mystérieuse avec laquelle on en déduit des théorèmes arithmétiques. L'étude de la transformation et celle des équations modulaires vous ont fourni une riche moisson de découvertes. Vous y rattachiez d'abord le problème du nombre des classes, qu'abordait en même temps un savant dont l'Europe déplore la perte récente; puis la résolution de l'équation du cinquième degré, cette belle conquête dont l'Algèbre est redevable à l'Analyse. Enfin vous y trouviez l'occasion de montrer la véritable nature de la fonction modulaire qui devait devenir le premier type de toute une classe de transcendantes nouvelles.

Sans vouloir tout citer, je ne puis cependant passer sous silence vos travaux sur la généralisation des fractions continues. Ces recherches qui vous ont occupé toute votre vie ont été couronnées par votre Mémoire sur le nombre *e*, et par la création d'une méthode élégante et féconde dont on s'est servi depuis pour établir l'impossibilité de la quadrature du cercle, cette vérité depuis si longtemps soupçonnée et si récemment démontrée.

Uniquement épris de science pure, vous vous êtes rarement préoccupé des applications, mais elles vous sont venues par surcroît; on ne peut en effet oublier combien votre bel Ouvrage sur l'équation de Lamé, en dehors de son immense fécondité analytique, a été utile aux Mécaniciens et aux Astronomes.

Mais il faut nous arrêter, car il ne nous appartient pas de rappeler tout ce que la Science vous doit; nous pouvons parler du moins de ce que nous vous devons.

Votre enseignement si clair et si élevé, vos écrits si profonds et si suggestifs, nous ont appris à comprendre la Science; l'exemple de votre vie qui lui a été consacrée tout entière, la chaleur de votre parole dès qu'il s'agit d'elle, nous ont appris à l'aimer et comment il faut l'aimer.

Ces idées que vous avez semées comme sans y penser, quand nous les retrouvons ensuite et que nous nous efforçons d'en tirer tout ce qu'elles contenaient, vous seriez tenté d'oublier qu'elles sont à vous; mais nous, nous ne l'oublions pas, et ce n'est pas vrai seulement de ceux d'entre nous qui ont eu la bonne fortune de suivre vos leçons : ceux aussi qui n'ont subi votre influence que de loin et indirectement n'ignorent pas quel en est le prix et tous sont également pénétrés de reconnaissance.

Indifférent à la gloire qui vous est venue sans que vous l'ayez cherchée, nous espérons toutefois que vous connaissez trop bien la sincérité de nos sentiments pour repousser ce modeste témoignage de notre respect.

(On trouvera à la fin de cette brochure la liste des souscripteurs.)

M. le Dr Schwarz, professeur à l'Université de Berlin, prononce alors les paroles suivantes :

Monsieur le Ministre,

J'ai l'honneur de présenter à M. Hermite les félicitations les plus cordiales de mon illustre maître M. Weierstrass, qui regrette de ne pouvoir assister à cette touchante cérémonie, ainsi que les hommages respectueux de mes collègues MM. Fuchs et Frobénius.

Je vous demande la permission d'offrir, en mon nom personnel et en témoignage d'une profonde admiration, le premier exemplaire d'un de mes Ouvrages (¹) que je prépare depuis plus d'un an pour le dédier à l'homme qui a su puiser tant de propositions impérissables à la source de l'éternelle vérité, dont le nom demeurera toujours attaché à l'histoire des progrès de la théorie des fonctions analytiques, de la résolution des équations algébriques et restera associé à la démonstration, vainement cherchée jusqu'à nos jours depuis Archimède, de l'impossibilité de la quadrature du cercle.

Un grand nombre d'Académies ou Sociétés scientifiques de toutes les parties du monde, qui n'avaient pu se faire représenter à la cérémonie, avaient tenu à s'y associer par l'envoi d'adresses ou de lettres. L'énumération en est faite par M. Camille Jordan; ce sont :

Académie impériale des Sciences de Saint-Pétersbourg.
Société royale des Sciences de Göttingue.
Université de Saint-Pétersbourg.
Société mathématique de France.
Association des Étudiants en Mathématiques de l'Université de Berlin.
Société physico-médicale d'Erlangen.
Académie des Sciences de Copenhague.
Sénat de la Haute École technique royale de Berlin.
Société scientifique de Bruxelles.
Cercle mathématique de Palerme.
Académie des Sciences physiques et mathématiques de Naples.

(¹) Cet Ouvrage porte le titre : *Formules et propositions pour l'emploi des fonctions elliptiques,* d'après des leçons et des notes manuscrites de M. Weierstrass, rédigées et publiées par M. H.-A. Schwarz. Traduit de l'allemand par M. Henri Padé. Première Partie.

Société royale des Sciences de Liége.
Académie royale des Sciences, Lettres et Arts de Belgique.
Académie royale des Sciences d'Amsterdam.
Société mathématique tchèque de Prague.
Société astronomique de Leipzig.
Académie royale des Sciences de Turin.

M. Hermite a reçu en outre, le 24 décembre, les lettres ou télégrammes suivants :

MM.

Von Helmholtz, Weierstrass, Kummer, Auwers, von Bezold, du Bois-Raymond, A. Kundt, H. Vogel, L. Fuchs, membres de l'Académie des Sciences de Berlin.

Général Menabrea, Rome.

Millot, professeur à la Faculté, Président de la Société des Sciences, Nancy.

Charve, professeur à la Faculté des Sciences, Marseille.

Professeur Mittag-Leffler, Stockholm.

Antonio Jose Teixeira, professeur à l'Université, Coïmbre.

Académie de Stanislas, Nancy.

Comte Samodaes et Francisco Azevedo, Porto (Portugal).

Nekrasov, recteur de l'Université, Odessa.

Luiz da Costa-Almeida, doyen de la Faculté de Mathématiques de l'Université, Coïmbre.

Petrescu, doyen de la Faculté des Sciences, Bucarest.

Société des Sciences naturelles, Zurich.

Ludwig, Sophus Lie et Mayer, Société royale des Sciences de Saxe (Leipzig).

Geiser, École Polytechnique fédérale de Zurich.

Tomek, président, et Emler, secrétaire général de la Société royale des Sciences, Prague.

Brioschi, président de l'Académie des Lincei, Rome.

Adelskold, président, et Lindhagen, secrétaire de l'Académie royale des Sciences, Stockholm.

Chevalier de Arneth, président de l'Académie des Sciences, Vienne (Autriche).

Émile Weyr, professeur à l'Université, Vienne (Autriche).

Cijelt, président, Lindeloff, secrétaire de la Société des Sciences, Helsingfors (Finlande).

Rob. Thalen, secrétaire de la Société royale des Sciences d'Upsal (Suède).

Smoluchowski, président de la Société des Étudiants mathématiciens et physiciens de l'Université (Vienne).

Th.-A. Sloudsky, doyen de la Faculté physico-mathématique de l'Université impériale, Moscou.

Bogoljenov, recteur de l'Université impériale, Moscou.

Professeur Guccia, Palerme.

Juan de Duran Loriga, Coruña (Espagne).

Professeur Lindemann, Kœnigsberg.

Professeur Gomes Teixeira, Porto.

Schering, Riecke, Voigt, Klein, Schur, Weber, directeurs du Séminaire de Mathématique et Physique, Göttingue.

Professeur Hugo Gyldén, Stockholm.

Professeur Beltrami, Rome.

Calderara, vice-président du Cercle mathématique, Palerme.

Dimitrije Nešič, Ljubomir Klerič, Milan Nedeljkovič, Bogdan Gavrilovič, Mijalko Cirič, professeurs à la Faculté des Sciences de Belgrade.

Zeuner, Schlœmilch, Rohn, Krause (Dresde).

Stephanos, professeur à l'Université d'Athènes.

Newcomb, Washington.

Kœnigsberger, professeur à l'Université d'Heidelberg.

M. Vicaire, président de la Société mathématique de France, donne lecture de l'adresse suivante :

Monsieur et très illustre Confrère,

Vous excuserez le profond et bien légitime sentiment d'orgueil dans lequel la Société mathématique de France se plaît aujourd'hui à vous saluer de ce titre, comme vous lui en avez donné le droit lorsque, il y a bientôt vingt ans, vous devîntes un de ses membres.

Rien, dès cette époque, ne manquait à votre gloire et vingt années de travaux éclatants pouvaient à peine l'accroître. Elles ont pu du moins confirmer et enraciner plus profondément dans nos cœurs les sentiments de vénération et de respectueux attachement que vous ont dès longtemps voués tous les mathématiciens, non seulement en France, mais bien au delà de nos frontières.

Quand un homme, grâce à de puissantes facultés, se trouve placé à la tête du mouvement intellectuel de son époque, cette situation privilégiée lui impose des devoirs. Vous l'avez compris mieux que personne.

Non content d'être un maître par vos travaux et vos découvertes, vous avez su être, par votre enseignement et par vos conseils, un guide pour la plupart des mathématiciens de ce temps; vous avez été pour tous les savants un exemple par la noblesse de vos sentiments et par la dignité d'une vie exclusivement consacrée à la Science.

Lorsque notre Société s'est fondée pour créer parmi les hommes qui cultivent les Mathématiques les liens d'une solide confraternité, une amicale émulation et un foyer d'enseignement mutuel, vous avez bien voulu, l'un des premiers, la fortifier de votre adhésion. Il lui appartenait de reconnaître et ce que vous avez fait pour elle-même et ce que vous avez fait pour la Science dont le progrès est son unique but.

Aussitôt que ses statuts lui permirent de donner à quelques savants d'élite un témoignage exceptionnel de reconnaissance et d'admiration en leur conférant le titre de membres honoraires du Bureau, votre nom fut acclamé avant tous.

Aujourd'hui, qu'un heureux anniversaire rassemble autour de vous vos amis, vos élèves, vos admirateurs, la Société mathématique de France réclame sa place parmi eux, et elle vient vous offrir un nouveau témoignage de ses sentiments par cette adresse signée des membres de son Bureau et de son Conseil, interprètes autorisés de leurs confrères. Elle vous prie, Monsieur et vénéré

Maître, de l'accueillir, si faible qu'il soit, avec cette même bonté, cette même bienveillance que la plupart d'entre eux ont personnellement éprouvées.

Les membres du Bureau et du Conseil,

Humbert. G. Kœnigs. E. Vicaire. L. Claude-Lafontaine. G. Darboux. Désiré André. L. Raffy. E. Collignon. Eugène Rouché. A. Laisant. Haton. d'Ocagne. A. de Presle. Em. Picard. G. Fouret. Mannheim. P. Appell. Lucien Lévy. Poincaré. J. Bertrand. C. Jordan.

La municipalité de la ville de Nancy, où M. Hermite a passé son enfance, avait tenu à lui envoyer son témoignage d'admiration. Au nom du Conseil municipal, M. Bichat, dans un discours ému, félicite M. Hermite d'avoir si vaillamment maintenu dans des mains françaises le sceptre des hautes spéculations mathématiques et lui exprime le vœu qu'il conserve longtemps encore une si noble maîtrise.

Enfin M. d'Abbadie, président de l'Académie des Sciences, apporte à M. Hermite les affectueuses félicitations de ses confrères, auxquelles il joint les compliments que l'Académie pontificale des Nuovi Lincei l'a chargé de transmettre à son illustre Associé.

M. Hermite, se levant alors pour répondre aux discours qu'on vient de lire, s'exprime comme il suit :

Monsieur le Ministre,

Messieurs,

Je serai bien inégal à remplir la tâche qui m'est imposée en ce moment, à exprimer toute ma reconnaissance aux géomètres de la France et de l'étranger, aux amis que je dois à la communauté du travail mathématique, à mes élèves, à tous ceux dont le généreux concours m'a valu cette médaille, l'œuvre d'un illustre artiste, qui récompense bien au delà de leur mérite les efforts de ma vie d'étude. Vous avez bien voulu, Monsieur le Ministre de l'Instruction publique, présider cette réunion, entendre M. Camille Jordan, membre de l'Institut, me présenter les adresses des Sociétés savantes, que je reçois avec une respectueuse gratitude comme le couronnement de ma carrière, M. le Doyen de la Faculté des Sciences, M. Poincaré, M. le Président de la Société mathématique, exposer avec trop de bienveillance les recherches, les questions qui m'ont occupé. L'honneur insigne de votre présence me pénètre de la plus vive reconnaissance; Monsieur le Recteur, Messieurs les membres du Conseil général des Facultés, mes chers collègues de la Sorbonne, qui me donnez en ce moment le témoignage si précieux de votre sympathie, recevez aussi mes bien sincères remercîments.

Monsieur le Ministre, ce sont des maîtres de la Science qui ont parlé devant vous; leurs travaux ont dépassé les miens, et ont enrichi des régions de l'Analyse où je n'ai jamais pénétré. M. Camille Jordan a été bien au delà de mes premières tentatives, dans la question arithmétique de la réduction des formes, dans l'étude des équations algébriques et la théorie des substitutions qui en est le fondement. A ses découvertes, à ses savants travaux sont dus les plus importants progrès de cette partie extrêmement difficile de l'Analyse, depuis Abel et Galois. M. Darboux a été le continuateur de Monge, en unissant les théories élevées du Calcul intégral à la Géométrie, dans des Mémoires et des Ouvrages qui honorent les Mathématiques françaises. M. Poincaré s'est mis au premier rang dans la Science de notre époque par ses découvertes dans la Théorie des nombres, l'Analyse et la Mécanique céleste, où son génie a ouvert des voies entièrement nouvelles et un champ immense à explorer. Je dois beaucoup restreindre les éloges qu'ils m'ont donnés, mais je me sens heureux de leur bonne affection, comme de l'éclat de leurs travaux et mes vœux ne cesseront de seconder et d'accompagner leurs efforts.

Monsieur le Président de l'Académie des Sciences, je suis on ne peut plus touché des sentiments de mes honorés Confrères et de l'Académie pontificale des Nuovi Lincei dont vous avez été le bienveillant organe; permettez-moi de joindre à mes remercîments l'expression de ma respectueuse sympathie pour votre personne, pour les travaux qui ont rempli votre carrière, pour votre vie d'honneur et de dévouement à la Science.

Monsieur le Général commandant l'École Polytechnique, Monsieur le Directeur des Études, combien je suis heureux de votre présence! Les élèves qui vous accompagnent me rappellent de longues années de service, et vous, Monsieur le Général, une autorité toujours bienveillante et amicale, dont j'évoquerai un souvenir. Poncelet commandait l'École, quand j'étais répétiteur; après une interrogation, il me fait venir et, dans un long entretien que je ne puis oublier, il s'attache à me convaincre, et il y réussit pleinement, que le chef militaire met en œuvre, dans les redoutables combinaisons du champ de bataille, plusieurs des facultés élevées du géomètre, et devient son égal. C'était le combattant de 1812, le prisonnier de Saratoff que j'écoutais, recueillant l'écho d'un passé héroïque, que l'École a toujours continué, qui embrasse maintenant tout un siècle, et lègue à mes jeunes camarades un héritage glorieux, qu'ils ne laisseront pas déchoir.

J'ai d'autres élèves encore, à l'École Normale et à la Faculté des Sciences, qui suivent mes leçons de la Sorbonne.

L'École Normale et l'École Polytechnique sont deux branches d'une même famille, étroitement unies par le sentiment absolu de la justice et du devoir, sentiment lié d'une manière secrète à l'enseignement mathématique, mais si certaine, que sans en avoir aucunement le privilège, il semble passer de l'intelligence à la conscience, et s'imposer comme les vérités absolues de la Géométrie.

Monsieur le Directeur de l'École, mon cher et éminent Confrère de l'Académie des Inscriptions et Belles-Lettres, Monsieur le Sous-Directeur des Études scientifiques, permettez-moi, en vous remerciant de votre présence, de rappeler les succès dont l'honneur vous revient, ces nombreuses thèses de doctorat sur les questions les plus difficiles, qui ont pris place dans la Science et sont recherchées par toutes les Universités de l'Europe, ces prix multipliés que l'Institut décerne chaque année à vos élèves, enfin tant de travaux admirés des analystes, dont les auteurs se trouvent ici, près de moi. Ils siègent à l'Académie des Sciences, leur carrière scientifique s'y développe avec éclat, ils y représentent avec honneur l'École Normale!

Monsieur le professeur Schwarz, vous êtes le bienvenu, dans cette réunion. Votre nom se joint à ceux des maîtres de la science allemande qui ont le plus contribué aux progrès de l'Analyse à notre époque. Nous connaissons vos beaux travaux et nous les enseignons. Vous avez une grande part dans plusieurs des meilleures thèses présentées à la Faculté des Sciences, et les élèves de l'École Normale vous ont accueilli par des applaudissements chaleureux, lorsque vous leur avez exposé, dans une brillante conférence, vos belles découvertes sur les surfaces d'aire minima. Je vous offre mes affectueux remercîments pour l'honneur que vous m'avez fait en me dédiant la traduction française des leçons célèbres de M. Weierstrass sur les fonctions elliptiques, pour les sentiments d'amitié du grand géomètre et de MM. Fuchs et Fröbenius que vous avez bien voulu m'exprimer. Ces sentiments sont réciproques; ils se joignent à ma plus haute estime pour les travaux de M. Fuchs et de M. Fröbenius et à mon admiration pour les grandes découvertes de votre illustre maître, que je ne cesse d'enseigner depuis plus de vingt ans.

C'est aux mathématiciens que j'ai offert jusqu'ici l'expression de ma reconnaissance; je la dois encore à d'autres, à mes concitoyens lorrains, qui m'ont fait parvenir un témoignage de sympathie dont je suis touché on ne peut plus. Qu'ils reçoivent l'assurance de la vive affection que je conserve pour la ville où s'est passée mon enfance, où ma famille a si longtemps habité, où demeurent des parents affectionnés! J'offre mes plus sincères remercîments à M. Bichat, le mandataire du Conseil municipal; j'adresse mes vœux à la Faculté des Sciences, pour qu'elle contribue de plus en plus, en poursuivant sa mission, à la prospérité et à l'honneur de la ville de Nancy.

Monsieur le Ministre de Suède et de Norvège, la haute distinction que je dois à la bonté de votre auguste Souverain me pénètre de la plus profonde reconnaissance; que Sa Majesté en reçoive le témoignage par Votre Excellence! Qu'Elle daigne agréer l'assurance d'une respectueuse sympathie, due à la protection qu'Elle accorde aux Sciences, que tous nous partageons ici et qui dépasse les étroites limites de la Sorbonne!

Messieurs, la Science donne en retour des efforts qu'elle impose des relations d'amitié qui en sont la meilleure récompense. Ce prix si précieux du travail, je le reçois de vous en ce moment; je vous en remercie avec émotion : j'en conserverai le reconnaissant souvenir jusqu'à mon dernier jour.

La cérémonie s'est terminée par le discours suivant de M. le Ministre de l'Instruction publique :

Monsieur le Professeur,

Quand M. le doyen de la Faculté des Sciences m'a convié à présider votre jubilé scientifique, je n'ai pas eu un instant l'idée que je pouvais décliner son invitation.

Le gouvernement de la République a sa place marquée dans toutes les fêtes de cette Sorbonne qu'il a reconstruite, de cet enseignement supérieur qu'il a doté avec une persévérance qui ne se lassera pas. Il ne pouvait rester étranger à cette solennité; il le pouvait d'autant moins qu'il s'agissait de rendre, en votre personne, un juste hommage à l'une des sciences qui font le plus d'honneur à notre pays et qui forment une des parts les meilleures du patrimoine national.

Pascal voit dans la Géométrie « le plus haut exercice de l'intelligence »; il place les géomètres au premier rang des « princes de l'esprit ». C'est l'honneur de notre France d'avoir produit, plus qu'aucune autre nation, de ces génies subtils et puissants, capables d'embrasser l'ensemble des vérités qui constituent les lois des nombres et de l'étendue. Déjà au XVIIe siècle, Descartes, Pascal et Fermat nous permettent de n'envier personne, pas même l'intelligence suprême de Newton; au XVIIIe siècle, nous prenons décidément le premier rang avec d'Alembert, avec Lagrange, avec Laplace, et le siècle dont nous sommes a vu affirmer et consolider cette maîtrise française de la Géométrie par une suite de savants illustres, les Monge, les Carnot, les Ampère, les Cauchy, les Chasles, les Liouville, pour ne citer que quelques-uns de ceux qui ne sont plus. Votre nom et celui des maîtres qui vous entourent continuent cette glorieuse filiation scientifique, et grâce à vous, parmi tant de choses évanouies et d'idées mortes, se dresse toujours devant nos yeux, dans son austère fierté, la science dont vous avez reculé les limites et dont vous êtes en ce jour le héros.

Cette cérémonie consacre vos titres à la renommée universelle et à la reconnaissance nationale. Ces titres sont attestés à l'envi par vos émules et par vos disciples qui sont tous vos admirateurs. C'est d'eux qu'il faut apprendre en quelle estime on vous doit tenir. Les termes qu'ils emploient en parlant de vous sont les mêmes que Fontenelle appliquait à Leibnitz : « C'est un mathématicien de premier ordre, disait Fontenelle; son nom est à la tête des plus sublimes problèmes qui aient été résolus de nos jours et il est mêlé à tout ce que la Géométrie moderne a fait de plus grand, de plus difficile et de plus important. Non content de découvrir lui-même, il a inspiré beaucoup d'autres découvertes. Il aime à voir croître dans les jardins d'autrui des plantes dont il a fourni les graines. Ces graines sont plus souvent à estimer que les plantes mêmes. L'art de découvrir en Mathématiques est plus précieux que la plupart des choses qu'on découvre. »

Ce don de l'invention qui vous a été départi, vous en avez porté le poids sans faiblir, et, dans un âge où tant d'autres se reposent, vous poursuivez vos recherches et vos découvertes. Vous êtes resté toujours fidèle à votre vocation. Rien de plus admirable et aussi de plus enviable que cette unité de votre vie, cette continuité féconde de votre labeur, poursuivi dans une retraite que votre désintéressement aurait voulu garder obscure, mais que la gloire est venue illuminer de ses clartés.

Cette gloire, Monsieur le Professeur, vous pouvez en jouir sans scrupule. Elle est solide et de bon aloi; elle n'a rien de cette renommée que notre temps a trop souvent cherchée dans les agitations de la vanité et les impatiences de la réclame. Elle n'est que la juste récompense de votre génie et de votre caractère. Car en vous l'homme vaut le savant et tous les deux forment un composé rare, aussi honorable pour la science que pour le pays. Croyez-en, malgré les résistances de votre modestie, vos collègues de l'Institut et de l'Université; croyez-en les corps savants qui, de tous les points du globe, vous renouvellent le témoignage souvent manifesté de leur admiration.

Toutes les nations civilisées sont ici, et je les salue dans la personne de leurs illustres représentants. A leurs vœux et à leurs hommages je joins ceux du gouvernement de la République qui, pour fêter dignement votre jubilé, vous a élevé, sur ma proposition, à la dignité de grand officier de la Légion d'honneur. Recevez-en les insignes des mains d'un ministre qui vous doit, dès son entrée en fonctions, l'occasion d'affirmer publiquement les sentiments qui l'animent à l'égard des savants et de la science.

LISTE DES SOUSCRIPTEURS.

Allemagne.

MM.

Auwers, secrétaire de l'Académie de Berlin.

Cantor (M.), professeur à l'Université d'Heidelberg.

Fuchs, membre de l'Académie de Berlin.

Gundelfinger, professeur à l'École Polytechnique de Darmstadt.

Gutzmer, doctor philosophiæ à Berlin.

Hauck, professeur à l'École Polytechnique de Berlin.

Helmholtz (Von), membre de l'Académie de Berlin.

Hensel (K.), professeur à l'Université de Berlin.

Hamburger, professeur à l'École Polytechnique de Berlin.

Heinitz, maître à l'École Réale de Seesen a.H.

Hölder, professeur à l'Université de Tübingen.

Israël-Holtzwart, doctor philosophiæ à Francfurt a.M.

Iolles, professeur à l'École Polytechnique de Aachen.

Iurgens, professeur à l'École Polytechnique de Aachen.

Heffter, professeur à l'Université de Giessen.

Kiepert, professeur à l'École Polytechnique de Hanovre.

Knoblauch, professeur à l'Université de Berlin.

Kronecker, doctor juris à Berlin.

Kundt, membre de l'Académie de Berlin.

Mangoldt (Von), professeur à l'École Polytechnique de Aachen.

Netto, professeur à l'Université de Giessen.

Noether, professeur à l'Université d'Erlangen.

Pasch, professeur à l'Université de Giessen.

Richarz, docteur à l'Université de Bonn.

Runge, professeur à l'École Polytechnique de Hannover.

Rosanes, professeur à l'Université de Breslau.

Schapira, professeur à l'Université d'Heidelberg.

Schlesinger, doctor philosophiæ à l'Université de Berlin.

MM.

Schöhlicht, professeur à l'Université de Halle a. S.

Schottky, professeur à l'Université de Marbourg.

Koehler, professeur à l'Université d'Heidelberg.

Schur, professeur à l'École Polytechnique de Aachen.

Selling, professeur à l'Université de Würzburg.

Société de Mathématique des Étudiants de Berlin.

Société de Mathématique de Hamburg.

Stahl, professeur à l'Université de Tubingen.

Staeckel, doctor philosophiæ de Halle a. S.

Tietjen, professeur à l'Université de Berlin.

Thomé, professeur à l'Université de Greifswald.

Voss, professeur à l'Université de Würzburg.

Hettner, professeur à l'Université de Berlin.

Burkhardt, à l'Université de Göttingen.

Fricke, à l'Université de Göttingen.

Klein, professeur à l'Université de Göttingen.

Riecke, à l'Université de Göttingen.

Schönflies, à l'Université de Göttingen.

Voigt, à l'Université de Göttingen.

Weber, à l'Université de Göttingen.

Weierstrass, membre de l'Académie des Sciences, professeur à l'Université de Berlin.

Brill, à Tubingen, Wurtemberg, Allemagne.

Luroth, à Freiburg, Allemagne.

Minkowski, Bonn, Allemagne.

Haentzschel, professeur, Berlin W Eisenacherstrasse, Allemagne.

Schwarz, membre de l'Académie des Sciences, professeur à l'Université de Berlin.

Stickelberger, 9, Milchstrasse Freiburg, Allemagne.

Weingarten, 14, Regentenstrasse, Berlin.

Lampe, 139, Kurfürstenstrasse, Berlin W.

Kœnigsberger, in Heidelberg, Allemagne.

Prym, professeur à l'Université de Wurzburg.

Caspary, Markgrafenstrasse 16, Berlin S.W.

Hittorf (W.), à Munster.

Killing (W.), à Munster.

Laubert, professeur du real Gymnasium de Francfort-sur-l'Oder.

Balkenholl, professeur du real Gymnasium de Francfort-sur-l'Oder.

MM.

Bail, professeur du real Gymnasium de Francfort-sur-l'Oder.

Bermecke, professeur du real Gymnasium de Francfort-sur-l'Oder.

Roedel, professeur du real Gymnasium de Francfort-sur-l'Oder.

Krause, professeur, Struvestram 31 II, Dresde, Allemagne.

Amérique.

Newton (H.-A.), professor, New Haven Conn.

Franklin (Fabian), professor, Baltimore Md.

Newcomb (Simon), professor, Washington D.C.

Sawin (A.-M.), professor, Evanston Ill.

Gibbs (J.-Willard), professor, New Haven Conn.

Bass (E.-W.), professor, West Point, N.Y.

Craig (Thomas), professor, Baltimore Md.

Cohen (Abraham), élève en théorie des Fonctions, John Hopkins University, Baltimore, Md.

Roszel (Brantz-M.), élève en théorie des Fonctions, John Hopkins University, Baltimore, Md.

Bumstead (Henry-A.), élève en théorie des Fonctions, John Hopkins University, Baltimore, Md.

Landis (William-B.), élève en théorie des Fonctions, John Hopkins University, Baltimore, Md.

Sayre (Herbert-A.), élève en théorie des Fonctions, John Hopkins University, Baltimore, Md.

Lake (James-L.), élève en théorie des Fonctions, John Hopkins University, Baltimore, Md.

Manning (Edward-P.), élève en théorie des Fonctions, John Hopkins University, Baltimore, Md.

Willard (Joseph-M.), élève en théorie des Fonctions, John Hopkins University, Baltimore, Md.

Angleterre.

Burnside (M.-W.), professeur, Naval College, Greenwich.

Burnside (M.-W.-S.), professeur, Trinity College, Dublin.

Campbell (M.-J.-R.), Lieutenant-colonel, Charing, Kent.

MM.

Cayley (M.-Arthur), professeur, Cambridge.

Darwin (M.-G.-H.), professeur, Cambridge.

Forsyth (M.-A.-R.), Trinity College, Cambridge.

Freeman (le Rév. A.), Murston, Kent.

Greenhill (M.-A.), professeur, Woolwich.

Jack (M.-W.), professeur, Glasgow.

Kelvin (Lord), président de la Société Royale de Londres.

Kempe (M.-A.), Londres.

The London Mathematical Society.

Niven (M.-W.-D.), director of the Naval College, Greenwich.

Noble (M. le Capitaine), Jesmond Dene, Newcastle.

Stirling (Sir James), judge of the High Court of Justice.

Sylvester (M.-J.-J.), professeur, Oxford.

The royal Society, Burlington house (London).

Autriche-Hongrie.

Société de Mathématique et Physique, Université de Vienne.

Dantscher, professeur, Université de Graz.

Gegenbauer (L.), professeur, Université d'Innsbruck.

Weyr (Em.), professeur, Université de Vienne.

Lorber (Fr.), professeur, Bergakademie Leoben.

Tauber (A.), Privatdocent, Université de Vienne.

Mertens (Fr.), professeur, Polytechnikum, Graz.

Lichtenfels (V.-O.), professeur, Polytechnikum, Graz.

Pelz (K.), professeur, Polytechnikum, Graz.

König (J.), professeur, Polytechnikum, Budapesth.

Rados (V.), professeur, Polytechnikum, Budapesth.

Tesar (J.), professeur Staatsgewerbeschule, Brünn.

Valyi (J.), professeur, Université Koloszvar (Hongrie).

Pick (G.), professeur, Université de Prague.

Zajaczkowski (L.), Polytechnikum, Lemberg.

Kobald (E.), Bergakademie directeur, Leoben.

Hoor (M.), docteur ès Sciences, Budapesth.

Franke (J.), Landesschulinspector, Lemberg.

Karlinski (Fr.), professeur, Université, Krakau.

MM.

Hočevar (F.), professeur, Polytechnikum, Brünn.

Schmid (Th.), professeur, Oberrealschule, Steyr.

Kohn (G.), privatdocent, Université, Vienne.

Puchta (A.), professeur, Université de Czernowitz.

Tumlirz (O.), professeur, Université de Czernowitz.

Czuber (E.), professeur, Polytechnikum, Vienne.

Finger (J.), professeur, Polytechnikum, Vienne.

Peschka (G.), professeur, Polytechnikum, Vienne.

Ruth (Fr.), professeur, Polytechnikum, Vienne.

Kolbe (J.), professeur, Polytechnikum, Vienne.

Stolz (O.), professeur, Université d'Innsbruck.

Blaschke (E.), privatdoc., Polytechnikum, Vienne.

Zindler (K.), privatdoc., Polytechnikum, Graz.

Zindler (I.), Landesschulinspector, Graz.

Waltenhofen (A.-V.), professeur, Polytechn., Vienne.

Rogel, professeur, Staatsgewerbeschule, Brünn.

L'Académie tchèque des Sciences, des Lettres et des Arts.

La Société royale des Sciences de Bohême.

La Société mathématique de Prague.

L'Association des Ingénieurs à Plzeň, Bohême.

Lerch, docent à l'École Polytechnique tchèque, Prague.

Kheil (K.-P.), directeur d'Éc. et docent à l'École Polytechnique tchèque, Prague.

Kheil (M.-N.), directeur d'une École de commerce.

Iarolimek (V.), directeur de l'École Réale à Kr. Hradec, Bohême.

Sucharda (A.), professeur, Prague.

Strnad (A.), professeur, Prague.

Jandečka (V.), inspecteur, Nový Bydžov, Bohême.

Pelišek (J.), professeur, Plzeň, Bohême.

Jerábek (V.), professeur, Brünn.

Navrátil (B.), directeur de l'École Réale à Prostějov, Moravie.

Chodounsky (le Dr), professeur à l'Université, Prague.

Hlava (le Dr), professeur à l'Université, Prague.

Rayman (le Dr), professeur à l'Université, Prague.

Kruis (K.), docent à l'École Polytechnique tchèque, Prague

Taftl (E.), professeur, Klatovy, Bohême.

Horvath (Z.), professeur, Brünn.

Kapras (J.), professeur, Brünn.

MM.

Mayer (J.), professeur, Brünn.

Červenka (J.), professeur, Prague.

Šimerka (J.), directeur de l'École industrielle à Plzeň, Bohême.

Weyr (Ed.), professeur à l'École Polytechnique tchèque, Prague.

Domalip (le Dr), professeur à l'École Polytechnique tchèque, Prague.

Preis (Ch.), professeur à l'École Polytechnique tchèque, Prague.

Gruss (le Dr), professeur à l'Université, Prague.

Sobička (J.), directeur de Lycée, Prague.

Řehořovský (V.), professeur à l'École industrielle, Prague.

Ieřábek (A.), professeur, Prague.

Patočka (Ch.), professeur, Pisek, Bohême.

Krištufek (le Dr), professeur, Pisek, Bohême.

Mukařovský (J.), professeur, Pisek, Bohême.

Procházka (F.), professeur, Pardubice.

Hoza (J.), directeur de l'École Réale tchèque, Plzeň, Bohême

Čipera, professeur, Plzeň, Bohême.

Filipovský, professeur, Plzeň, Bohême.

Hora, professeur, Plzen, Bohême.

Jlučhoř, professeur, Plzeň, Bohême.

Malec, professeur, Plzeň, Bohême.

Pleskot (le Dr), professeur, Plzeň, Bohême.

Kvitek (A.), professeur, Brünn.

Wimmer (J.), professeur, Prostějov, Moravie.

Sommer (C.), professeur, Prostějov, Moravie.

Dopita (L.), professeur, Prostějov, Moravie.

Belgique.

Catalan (E.), professeur émérite à l'Université de Liége.

Le Paige, professeur à l'Université de Liége.

Mansion, professeur à l'Université de Gand.

De la Vallée Poussin, chargé de cours à l'Université catholique de Louvain

Errera, professeur à l'Université libre de Bruxelles.

Neuberg, professeur à l'Université de Liége.

Deruyts, chargé de cours à l'Université de Liége.

Dusausoy, chargé de cours à l'Université de Gand.

MM.

De Tilly, colonel, commandant de l'École militaire de Bruxelles.

Saurel, capitaine-commandant d'artillerie à Gand.

Pasquier, professeur à l'Université catholique de Louvain.

Demoulin, docteur en Sciences physiques et mathématiques.

Danemark.

Thièle, professeur à l'Université de Copenhague.

Gram, directeur de la société d'assurance Skjold Copenhague.

Jensen, ingénieur de téléphones, Copenhague.

Crone, professeur à l'École navale, Copenhague.

Hansen, professeur à l'École Polytechnique, Copenhague.

Valentiner, professeur à l'École militaire, Copenhague.

Bing, directeur de l'Institution d'assurance sur la vie, Copenhague.

Petersen, professeur à l'Université de Copenhague.

Zeuthen, professeur à l'Université de Copenhague.

Juel, docteur ès Sciences, Copenhague.

Espagne.

Calderon, Calle de Carretas 14, Bajo-Madrid.

Juan de Duran Loriga, La Coruña (Espagne).

Membres de l'observatoire de San-Fernando.

Finlande.

Lindelöf (L.), conseiller d'État actuel, Directeur général de l'Administration scolaire en Finlande.

Neovius (E.-R.), professeur à l'Université d'Helsingfors.

Donner (A.), professeur à l'Université d'Helsingfors.

Ramsay (Aug.), docteur en philosophie.

Lindelöf (Ernest), candidat en philosophie.

Homén (Th.), agrégé à l'Université.

Melander (G.), agrégé à l'Université.

Borenius (G.), docteur en philosophie.

MM.

Mellin (H.), professeur à l'École Polytechnique de Helsingfors.

Hallsten (O.), maître es arts.

Söderhjelm (Melle S.), maître es arts.

Sundell (A.-F.), professeur extraordinaire à l'Université.

Tallquist (H.), professeur à l'École Polytechnique.

Grèce.

Protopapadaki, ingénieur, Athènes.

Les élèves de l'École navale, le Pirée.

Les étudiants de Mathématiques, Athènes.

Karampetsos, professeur à l'École navale, Athènes.

Rigopoulos, professeur à l'École navale, Athènes.

Veloudios, répétiteur à l'École Polytechnique, Athènes.

Kasdonis, professeur de Mathématiques, Athènes.

Georgiades (D.), professeur de Mathématiques, Athènes.

Stephanos (Cyp.), professeur à l'Université, Athènes.

Italie.

Alagna (R.), ingénieur, à Palerme.

Albeggiani (M.-L.), professeur libre à l'Université, Palerme.

Amodeo (F.), professeur à l'Institut technique, Naples.

Arzelà (C.), professeur à l'Université, à Bologne.

Ascione (E.), élève de M. Battaglini, à Naples, Université.

Bagnera (G.), ingénieur, à Palerme (Scuola degl' Ingegneri).

Bardelli (G.), professeur à l'Institut technique supérieur, à Milan.

Beltrami (E.), professeur à l'Université de Rome.

Bertini (E.), professeur à l'Université de Pavie.

Bianchi (L.), professeur à l'Université de Pise.

Bigiavi (C.), docteur ès Sciences mathématiques, à Florence.

Bortolotti (E.), docteur ès Sciences mathématiques, à Paris.

Brioschi (F.), directeur de l'Institut technique supérieur, à Milan.

Burali Forti (C.), professeur à l'Académie royale militaire, à Turin.

Caldarera (F.), doyen de la Faculté des Sciences, à Palerme.

Capelli (A.), professeur à l'Université, à Naples.

MM.

Castellano (F.), docteur ès Sciences mathématiques, à Turin, Université.

Catania (S.), professeur libre à l'Université, à Catane.

Cerruti (V.), professeur à l'Université, à Rome.

Certo (L.), professeur au lycée Victor-Emmanuel, Palerme.

Corrente (V.), étudiant à l'Université, Palerme.

Cremona (L.), directeur de l'École des Ingénieurs, Rome.

D'Arone (G.-D.), répétiteur à l'École des Ingénieurs, Palerme.

Del Re (A.), professeur à l'Université, à Modène.

Dini (U.), professeur à l'Université, à Pise.

Eugenio (V.), directeur de l'Institut technique, à Catane.

Faifofer (A.), professeur au lycée « Marco Foscarini », à Venise.

Fergola (E.), directeur de l'observatoire astronomique, à Naples.

Fiorentino (G.), docteur ès Sciences mathématiques, à Rome.

Floridia (G.), docteur ès Sciences mathématiques, à Modica.

Gebbia (M.), professeur libre à l'Université, à Palerme.

Gerbaldi (F.), professeur libre à l'Université, à Palerme.

Giardina (V.), directeur du lycée, à Modica.

Giliberti (Melle Ida), élève de M. Battaglini, à Naples, Université.

Giordano (G.), élève de M. Battaglini, à Naples, Université.

Giusti (E.), professeur à l'Institut technique, à Catane.

Guccia (G.-B.), professeur à l'Université, à Palerme.

Jadanza (N.), professeur à l'Université, à Turin.

Jung (G.), professeur à l'Institut technique supérieur, à Milan.

Kerbedz (Mme E. de), à Palerme, Hôtel des Palmes.

La Bretoigne (L. de), étudiant à l'Université, Palerme.

La Rosa Scalia (E.), professeur à l'Institut technique, Catane.

Legnazzi (E.-N.), professeur à l'Université, Padoue.

Loria (Gino), professeur à l'Université, à Gènes.

Macaluso (D.), professeur à l'Université, à Palerme.

Maggi (G.-A.), recteur de l'Université, à Messine.

Maisano (G.), professeur à l'Université, à Messine.

Martinetti (V.), professeur à l'Université, à Messine.

Miceli (L.), étudiant à l'Université de Palerme.

Molino (V.), directeur de l'Institut technique « Archimède », à Modica.

Mollame (V.), professeur à l'Université de Catane.

Mollo, à Naples.

Ovidio (E. d'), professeur à l'Université de Turin.

MM.

PADOVA (E.), professeur à l'Université, à Padoue.

PATERNO (F.-P.), professeur libre à l'Université, à Palerme.

PEANO (G.), professeur à l'Université, à Turin.

PEPOLI (A.), professeur à l'École technique « Gagini », à Palerme.

PINCHERLE (S.), professeur à l'Université, à Bologne.

PIUMA (C.-M.), professeur à l'Université, à Gênes.

PORCELLI (S.), ingénieur à Palerme (via Filippo Parlatore, casa Porcelli).

RICCI (G.), professeur à l'Université, à Padoue.

RUFFINI (F.-P.), recteur de l'Université, à Bologne.

SEGRE (C.), professeur à l'Université, à Turin.

SIACCI (F.), professeur à l'Université, à Turin.

SOLER (E.), professeur libre à l'Université, à Palerme (via Principe Granatelli casa Ammirata).

STRACCIATI (E.), professeur à l'Institut technique, à Venise.

TARDY (P.), professeur émérite de l'Université de Gênes, à Florence.

TASCHETTI (G.), professeur au gymnase Humbert Ier, à Palerme.

TIRELLI (F.), professeur au lycée Humbert Ier, à Palerme.

TONELLI (A.), professeur à l'Université, à Rome.

TORELLI (G.), professeur à l'Université, à Palerme.

VALLE (G.), docteur ès Sciences mathématiques, à Turin, Université.

VENTURI (A.), professeur à l'Université, à Palerme.

VERONESE (G.), professeur à l'Université, à Padoue.

VIVANTI (G.), docteur ès Sciences mathématiques, à Mantoue.

VOLTERRA (V.), professeur à l'Université, à Pise.

ZURRIA (G.), professeur à l'Université, à Catane.

Pays-Bas.

KORTEWEG (D.-J.), professeur de Mathématiques à l'Université d'Amsterdam.

LORENTZ (H.-A.), professeur de Physique à l'Université de Leyde.

SCHOLS (C.-M.), professeur de Géodésie à l'École Polytechnique de Delft.

BOSSCHA (J.), secrétaire perpétuel de la Société des Sciences hollandaise, à Harlem.

BIERENS DE HAAN, professeur de Mathématiques à l'Université de Leyde.

V. PESCH, professeur de Mathématiques à l'Université d'Amsterdam.

GODEFROY, professeur de Mathématiques à l'Université d'Amsterdam.

SCHOUTEN (G.), membre du bureau de la Société mathématique à Amsterdam.

MM.

Schoute (G.-H.), professeur de Mathématiques à l'Université de Groningue.

Kluyver (J.-C.), professeur de Mathématiques à l'Université de Leyde.

Escher (R.-J.), membre du bureau de la Société mathématique d'Amsterdam.

Versluys, membre du bureau de la Société mathématique d'Amsterdam.

Van Dorsten, professeur de Mathématiques au lycée de Rotterdam.

Kempe (A.), professeur de Mathématiques au lycée de Rotterdam.

Ekama (H.), professeur de Physique au lycée d'Amersfoort.

Stolp (C.), professeur de Mathématiques au lycée de Tiel.

Julius (V.-A.), professeur de Physique à l'Université d'Utrecht.

Kapteyn (W.), professeur de Mathématiques à l'Université d'Utrecht.

Cardinaal (J.), professeur de Mathématiques au lycée de Tilburg.

Van Loghem (W.), professeur de Mathématiques au lycée de la Haye.

Kroon (A.-W.), professeur de Mathématiques au lycée de Leyde.

Lem (J.-W.), professeur de Mathématiques au lycée de Leyde.

Zeeman (P.), professeur de Mathématiques à l'École Polytechnique de Delft.

Rahusen (A.-E.), professeur de Mathématiques à l'École Polytechnique de Delft.

Van de Sande Bakhuyzen (E.-F.), astronome à l'observatoire de Leyde.

Sissingh (R.), professeur de Physique à l'École Polytechnique de Delft.

Was (E.-A.-O.), professeur de Mathématiques au lycée de Breda.

Van Ryn van Alkemade (A.-C.), professeur de Mathématiques au lycée de Hoorn.

Van de Sande Bakhuyzen (H.-G.), directeur de l'observatoire de Leyde.

Legebeke, professeur de Mathématiques à l'École Polytechnique de Delft.

Portugal.

Sousa Pinto, professeur jubilé de l'Université de Coïmbra.

Antonio José Teixeira, professeur jubilé de l'Université de Coïmbra.

Francisco Horta, professeur jubilé de l'École Polytechnique de Lisbonne.

Costa e Almeida, professeur à l'Université de Coïmbra.

Souto Rodrigues, professeur à l'Université de Coïmbra.

D'Almeida Garret, professeur à l'Université de Coïmbra.

Rocha Peixoto, professeur à l'Université de Coïmbra.

Sousa Pinto (J.), professeur à l'Université de Coïmbra.

Bruno de Cabedo, professeur à l'Université de Coïmbra.

Arzilla Fonseca, professeur à l'Université de Coïmbra.

MM.

Costa Lobo, professeur à l'Université de Coïmbra.

Figueiredo, professeur à l'Université de Coïmbra.

Pereira da Silva, professeur à l'Université de Coïmbra.

Motta Pegado, professeur à l'École Polytechnique de Lisbonne.

Da Cunha (A.-J.), professeur à l'École Polytechnique de Lisbonne.

Patrocinio da Costa, professeur à l'École Polytechnique de Lisbonne.

Costa Lima, professeur à l'École Polytechnique de Lisbonne.

Gomes Teixeira (F.), professeur à l'Académie Polytechnique de Porto.

Woodhouse, professeur à l'Académie Polytechnique de Porto.

Duarte Leite, professeur à l'Académie Polytechnique de Porto.

Rodrigues Miranda, professeur à l'Académie Polytechnique de Porto.

Pedro Teixeira (J.), professeur à l'Académie Polytechnique de Porto.

Larangeira (V.), professeur à l'Académie Polytechnique de Porto.

José Alves Bonifacio, professeur à l'Académie Polytechnique de Porto.

Conde de Samodaes, à Porto.

Azeredo (F. de P.), officier du Génie à Porto.

Rodolpho Guimaraes, officier du Génie à Lisbonne.

Roumanie.

Constantin, professeur à l'Université de Bucarest.

Emmanuel, professeur à l'Université de Bucarest.

Climescu, doyen de la Faculté des Sciences de Jassy.

Culianu (N.), professeur à la Faculté des Sciences de Jassy.

Poni (P.), professeur à la Faculté des Sciences de Jassy.

Cosmovici (L.-C.), professeur à la Faculté des Sciences de Jassy.

Obregia (A.), professeur à la Faculté des Sciences de Jassy.

Manescu (A.), professeur à la Faculté des Sciences de Jassy.

Butureanu (V.), professeur à la Faculté des Sciences de Jassy.

Léon (N.), professeur à la Faculté des Sciences de Jassy.

Rallet (J.), professeur à la Faculté des Sciences de Jassy.

Russie.

Bougaïef, professeur à l'Université de Moscou.

Nekrassov, professeur à l'Université de Moscou.

MM.

Mlodzievsky, professeur de Mathématiques à l'Université de Moscou.

Zinger, professeur de Mathématiques à l'Université de Moscou.

Lakhtine, professeur adjoint de Mathématiques à l'Université de Moscou.

Alexiew, professeur adjoint de Mathématiques à l'Université de Moscou.

Sloudsky, professeur de Mécanique analytique à l'Université de Moscou

Joukovsky, professeur de Mécanique analytique à l'Université de Moscou.

Cerassky, professeur d'Astronomie à l'Université de Moscou.

Stoletov, professeur de Physique à l'Université de Moscou.

Socolov, professeur de Physique à l'Université de Moscou.

Schtcheglaïev, professeur adjoint de Physique à l'Université de Moscou.

Appelrot, professeur adjoint de Mécanique à l'Université de Moscou.

Egorov, agrégé de l'Université impériale de Moscou.

Sabinine, ancien professeur à l'Université d'Odessa.

Moline, professeur adjoint des Mathématiques à l'Université de Dorpat.

Preobragensky, professeur de Mathématiques au collège.

Sipaïlo, ingénieur des Ponts et Chaussées.

Bobynine, professeur adjoint à l'Université de Moscou.

Golitzine (Prince B.), professeur adjoint de Physique à l'Université de Moscou.

Svétovidov, agrégé à l'Université de Moscou.

Bogouslavsky, professeur de Mathématiques au collège de Moscou.

Vinogradov, professeur adjoint de Mathématiques à l'Université de Moscou.

Chersonsky, professeur adjoint de Mathématiques à l'Université de Moscou.

Korkine, professeur de Mathématiques à l'Université impériale de Saint-Pétersbourg.

Markov, professeur de Mathématiques à l'Université impériale de Saint-Pétersbourg.

Possé, professeur de Mathématiques à l'Université impériale de Saint-Pétersbourg.

Ptachitzky, professeur adjoint de Mathématiques à l'Université impériale de Saint-Péterbourg.

Savitsch, professeur adjoint de Mathématiques à l'Université impériale de Saint-Pétersbourg.

Sélivanov, professeur adjoint de Mathématiques à l'Université de Saint-Pétersbourg.

Stanievitsch, agrégé à l'Université de Saint-Pétersbourg.

Charzeiev, professeur de Mathématiques, Académie navale de Saint-Pétersbourg.

Schiff, professeur de Mécanique, Académie d'Artillerie de Saint-Pétersbourg.

Véra Schiff (Mme), professeur de Mathématiques.

Bredikhine, directeur de l'Observatoire de Poulkova.

Ivan Rachmaninov, professeur de Mécanique à l'Université de Kiew.

MM.

Ermakov, professeur de Mathématiques à l'Université de Kiew.

Pokrovsky (P.), professeur de Mathématiques à l'Université de Kiew.

Boukreiev, professeur de Mathématiques à l'Université de Kiew.

Souslov, professeur de Mécanique à l'Université de Kiew.

De Metz, professeur de Physique à l'Université de Kiew.

Broounov, professeur de Physique, Université impériale de Kiew.

Les membres de la Société mathématique de Kiew.

Janovski, Socolov, Recachev, Kossonogov, Matkovski, Sevastianov, Sonnestral, Zechov, Scherbina, Chafronofsky.

Sonine, professeur de Mathématiques à l'Université de Varsovie.

Anissimov, professeur de Mathématiques à l'Université de Varsovie.

Zinine, professeur de Mathématiques à l'Université de Varsovie.

Vostocov, professeur d'Astronomie à l'Université de Varsovie.

Andreiv, professeur de Mathématiques, Université impériale de Kharkov.

Tikhomandritzky, professeur de Mathématiques à l'Université impériale de Kharkov.

Steclov, secrétaire de la Société mathématique de Kharkov.

Oumoff, professeur de Physique à l'Université d'Odessa.

Tchebicheff, Membre de l'Académie des Sciences de Saint-Pétersbourg.

Suède.

Falk, professeur de Mathématiques à l'Université d'Upsal.

Lundquist, professeur de Mécanique à l'Université d'Upsal.

Pfannenstiel, docteur, Upsal.

Charlier, docteur, Upsal.

Petrini, docteur, Upsal.

Westman, étudiant, Upsal.

Gallander (O.), étudiant, Upsal.

Rœdén, étudiant, Upsal.

Petterson, étudiant, Upsal.

Nordenmark, étudiant, Upsal.

Bergstrand, étudiant, Upsal.

Billstroem, étudiant, Upsal.

Holmgren, étudiant, Upsal.

Johanson, étudiant, Upsal.

MM.

GOERANSSON, étudiant, Upsal.

RYDIN, étudiant, Upsal.

ERICSON, étudiant, Upsal.

AKERBLOM, étudiant, Upsal.

GYLLENSKIOELD, étudiant, Upsal.

HAGSTROEM, docteur, Upsal.

ROSSANDER, étudiant, Upsal.

LISELL, étudiant, Upsal.

ANGSTROEM (K.), docteur, Upsal.

MITTAG-LEFFLER, Djursholm-Stockholm.

GYLDÉN, Stockholm.

AND. LINDSTEDT, Stockholm.

BENDISON (IVAR), Stockholm.

KOBB (GUSTAVE), Stockholm.

PHRAGMEN, Stockholm.

FRANS. DE BRUN, licencié ès Sciences, Stockholm.

FREDDHOLM (IVAR), licencié ès Sciences, Stockholm.

MEYER (AD.), docteur, Stockholm.

WAHLFELT (A.).

BECKMAN (K.), docteur, Stockholm.

BAECKLUND (A.-V.), professeur, Lund.

BJOERLING (E.), professeur, Lund.

VON KOCK (H.), Stockholm.

Suisse.

BLEULER, Präsident des schweiz. Schulrathes, Zurich.

GNEHM, Vice-Präsident des schweiz. Schulrathes, Basel.

GEISER, Director des eidg. Polytechnicums, Zurich.

FRANEL, Professor am eidg. Polytechnicum, Zurich.

HURWITZ, Professor am eidg. Polytechnicum.

RUDIO, Professor am eidg. Polytechnicum.

HERZOG, Professor am eidg. Polytechnicum.

WEBER, Professor am eidg. Polytechnicum.

CHARTON, Professor am eidg. Polytechnicum.

ROSSIGNOL, Professor am eidg. Polytechnicum.

DISTELI, Privatdozent am eidg. Polytechnicum.

MM.

Hirsch, Privatdozent am eidg. Polytechnicum.

Keller, Privatdozent am eidg. Polytechnicum.

Beyel, Privatdozent am eidg. Polytechnicum.

De Vries, Assistent am eidg. Polytechnicum.

Stiner, Assistent am eidg. Polytechnicum.

Sidler, Professor an der Universität, Bern.

Amstein, Professor an der Universität, Lausanne.

Lacombe, Professor an der Universität, Lausanne.

Palaz, Professor an der Universität, Lausanne.

Mayor, Professor an der Universität, Lausanne.

Meyer (A.), Professor an der Universität, Zurich.

Aeschlimann, Lehrer am Gymnasium, Winterthur.

Hans Meyer, Professor an der Kantons-schule, St. Gallen.

Kiefer, Rector der Kantons-schule, Frauenfeld.

Scherer, Lehrer an der Kantons-schule, Frauenfeld.

Gysel, Director des Gymnasiums, Schaffhausen.

Imhof, Professor am Gymnasium, Schaffhausen.

Ganter, Professor an der Kantons-schule, Aarau.

France.

Abbadie (d'), président de l'Académie des Sciences pour 1892.

Alcan, libraire, boulevard Saint-Germain.

Amigues, professeur au lycée de Marseille.

Amiot, ingénieur à la gare de Lyon.

André (Désiré), professeur au collège Sainte-Barbe.

Andoyer, chargé de cours à la Faculté des Sciences de Paris.

Annales de l'École Normale supérieure.

Anonyme, à Lille.

Appell, membre de l'Institut, professeur à la Faculté des Sciences de Paris.

Arth, chargé d'un cours de Chimie industrielle à la Faculté des Sciences de Nancy.

Association générale des Étudiants.

Association des anciens élèves de la Faculté des Sciences.

Astor, professeur à la Faculté des Sciences de Grenoble.

Aubert, professeur au collège Stanislas.

Autonne, ingénieur des Ponts et Chaussées.

MM

Baillaud, doyen de la Faculté des Sciences de Toulouse.

Bassot (colonel), de l'Institut, directeur de la section géodésique au Service géographique de l'armée.

Becquerel, membre de l'Institut.

Bergeron, docteur ès sciences.

Berget, docteur ès sciences.

Berthelot, secrétaire perpétuel de l'Académie des Sciences.

Bertrand (J.), de l'Académie française, secrétaire perpétuel de l'Académie des Sciences.

Beudant, professeur à l'École de Droit de Paris.

Bichat, doyen de la Faculté des Sciences de Nancy.

Biehler, professeur au collège Stanislas.

Bioche, professeur au collège Stanislas.

Bischoffsheim, membre de l'Institut.

Blanchard, membre de l'Institut.

Blondlot, professeur de Physique à la Faculté des Sciences de Nancy.

Blutel, professeur au lycée Saint-Louis.

Bonaparte (prince Roland).

Bonau, capitaine d'Artillerie.

Bonnier, professeur à la Faculté des Sciences de Paris.

Bonnier (J.), directeur-adjoint du laboratoire de Wimereux.

Boppe (Paul), rue de Toul, à Nancy.

Boppe (A.), secrétaire d'Ambassade.

Bornet, membre de l'Institut.

Bouchard, membre de l'Institut.

Bouquet de la Grye, membre de l'Institut.

Bouquet (Jean), capitaine d'Artillerie, à Epinal.

Bouquet (Mme Vve).

Bourguet, docteur ès sciences.

Boussinesq, membre de l'Institut, professeur à la Faculté des Sciences de Paris.

Boutroux, professeur à la Faculté des Lettres de Paris.

Bouty, professeur à la Faculté des Sciences de Paris.

Bouvaist, ingénieur en chef des Ponts et Chaussées, à Vesoul.

Brillouin, maître de Conférences à l'École Normale supérieure.

Briot (Mme).

Brouardel, membre de l'Institut, doyen de la Faculté de Médecine, Paris

Brown-Séquard, membre de l'Institut.

MM.

BRUNEL, professeur à la Faculté des Sciences de Bordeaux.

BRUNHES, docteur ès sciences.

BUSSY (DE), membre de l'Institut.

CALLANDREAU, membre de l'Institut.

CARON (J.), maître de Conférences à l'École Normale supérieure.

CARVALLO, docteur ès sciences, examinateur à l'École Polytechnique

CASTEBERT, capitaine d'Artillerie, à Dillon.

CHARVE, professeur à la Faculté des Sciences de Marseille.

CHASSANG, préparateur à la Faculté des Sciences de Paris.

CHATIN (A.), membre de l'Institut.

CHATIN (J.), professeur-adjoint à la Faculté des Sciences de Paris.

CHAUVEAU, membre de l'Institut.

CHRÉTIEN, professeur au collège de Châlons-sur-Marne.

CLAVENAD, ingénieur des Ponts et Chaussées, à Lyon.

CLERMONT (DE), docteur ès sciences, sous-directeur à la Faculté des Sciences de Paris.

COLLET, professeur à la Faculté des Sciences de Grenoble.

COLLET, capitaine de frégate, répétiteur à l'École Polytechnique.

COLLIGNON, professeur à la Faculté des Lettres de Paris.

COLOMB, docteur ès sciences, sous-directeur à la Faculté des Sciences de Paris.

COMBES, docteur ès sciences.

COMBES, professeur au lycée Saint-Louis.

CORNU, membre de l'Institut.

CORNU (Maxime), professeur au Muséum.

COSTANTIN, maître de Conférences à l'École Normale supérieure de Paris.

COURTADE (l'abbé), directeur des études à l'École Bossuet.

CRETIN, professeur au lycée Saint-Louis.

CROISET (A.), de l'Institut, professeur à la Faculté des Lettres de Paris.

CUÉNOT, chargé d'un cours complémentaire de Chimie industrielle à la Faculté des Sciences de Nancy.

DAGUILLON, docteur ès Sciences, professeur au lycée Janson de Sailly.

DAMIEN, professeur à la Faculté des Sciences de Lille.

DAMOUR, membre de l'Institut.

DARBOUX, membre de l'Institut, doyen de la Faculté des Sciences de Paris.

DASTRE, professeur à la Faculté des Sciences de Paris.

DAUBRÉE, membre de l'Institut.

DAUTHEVILLE, professeur à la Faculté des Sciences de Montpellier.

MM.

De Lacaze-Duthiers, président de l'Académie des Sciences pour 1893, professeur à la Faculté des Sciences de Paris.

Decharme, professeur à la Faculté des Lettres de Paris.

Dehérain, membre de l'Institut.

Delage, professeur à la Faculté des Sciences de Paris.

Demartres, doyen de la Faculté des Sciences de Lille.

Desrousseaux, à Marseille.

Des Cloizeaux, membre de l'Institut.

Dewulf (général), à Marseille.

Ditte, professeur à la Faculté des Sciences de Paris.

Dubois (Marcel), professeur à la Faculté des Lettres de Paris.

Duchartre, membre de l'Institut.

Duclaux, membre de l'Institut, professeur à la Faculté des Sciences de Paris.

Dufour, docteur ès sciences, directeur-adjoint à la Faculté des Sciences de Paris

Dupin.

Élèves de M. Niewenglowski, au lycée Louis-le-Grand.

Élèves de M. Milhaud, au lycée de Montpellier.

Les élèves de l'École Polytechnique.

Les élèves de l'École Normale (Sciences).

Elliot, doyen de la Faculté des Sciences de Besançon.

Etienne, ingénieur des Ponts et Chaussées.

F. D., à Annecy.

Fabry, professeur au lycée de Montpellier.

Fauquembergue, professeur au lycée de Mont-de-Marsan.

Faye, membre de l'Institut.

Fernbach, docteur ès sciences, préparateur à la Faculté des Sciences de Paris.

Ferval, professeur au collège Stanislas.

Fizeau, membre de l'Institut.

Fler (de).

Floquet, professeur à la Faculté des Sciences de Nancy.

Flye Sainte-Marie, répétiteur à l'École Polytechnique.

Fontené, professeur au collège Rollin.

Fouqué, membre de l'Institut.

Fouret, examinateur à l'École Polytechnique.

Foussereau, secrétaire de la Faculté des Sciences de Paris.

Fremy, de l'Institut, au Muséum d'Histoire naturelle.

MM.

Friant, professeur d'Histoire naturelle (Zoologie) à la Faculté des Sciences de Nancy.

Friedel, membre de l'Institut, professeur à la Faculté des Sciences de Paris.

Gauthier-Villars et fils, libraires-éditeurs.

Gautier, membre de l'Institut.

Gérard, professeur au lycée de Brest.

Gernez, maître de Conférences à l'École Normale supérieure.

Giard, professeur à la Faculté des Sciences de Paris.

Giraud, à Bar.

Goursat, maître de Conférences à l'École Normale supérieure.

Grandidier, membre de l'Institut.

Gréard (L.), membre de l'Académie française et de l'Académie des Sciences morales et politiques, recteur de l'Académie de Paris.

Grévy, professeur au lycée d'Orléans.

Grinér, docteur ès sciences.

Gruey, directeur de l'observatoire de Besançon.

Gruvel, préparateur à la Faculté des Sciences de Paris.

Guillet, préparateur à la Faculté des Sciences de Paris.

Guitel, docteur ès sciences.

Guitton, professeur au lycée d'Amiens.

Guntz, chargé d'un cours complémentaire à la Faculté des Sciences de Nancy.

Guyon, membre de l'Institut.

Guyou (E.), capitaine de frégate, chef du service des instruments nautiques au Ministère de la Marine.

Hadamard, professeur au lycée Buffon.

Halphen (Mme G.), à Versailles.

Haller, professeur à la Faculté des Sciences de Nancy.

Hamy, astronome à l'Observatoire de Paris.

Haton, membre de l'Institut, directeur de l'École des Mines

Haudié, préparateur à la Faculté des Sciences de Paris.

Hautefeuille, professeur à la Faculté des Sciences de Paris.

Hauvette, maître de conférences à la Faculté des Lettres de Paris.

Henning (Mme), à Nancy.

Henry (Charles), bibliothécaire à la Sorbonne.

Hermann, libraire.

Hermite, chef d'escadron d'Artillerie, à Châlons.

Hérouard, docteur ès sciences.

MM.

Himly, membre de l'Institut, doyen de la Faculté des Lettres de Paris

Houssay, maître de Conférences à l'École Normale supérieure.

Huber, préparateur à la Faculté des Sciences de Paris.

Humbert (G)., ingénieur des Mines.

Huriez, professeur au lycée de Rodez.

Jablonski, professeur au lycée Charlemagne.

Jacquot, professeur de Mathématiques au lycée d'Amiens.

Jannettaz, maître de Conférences à la Faculté des Sciences de Paris.

Janssen, membre de l'Institut.

Joly, professeur-adjoint à la Faculté des Sciences de Paris.

Jonquières (de), membre de l'Institut.

Jordan, membre de l'Institut, professeur au Collège de France.

Jud, à Odessa.

Kœnigs, maître de Conférences à l'École Normale supérieure de Paris.

Labbé, préparateur à la Faculté des Sciences de Paris.

Lacour, professeur au lycée Saint-Louis.

Lacroix, professeur au Muséum.

Laisant, député de la Seine.

Lannelongue, professeur à la Faculté de Médecine, Paris.

Larrey (baron), membre de l'Institut.

Laterrade, maire de Condom.

Lavergne, Nîmes.

Lavieuville, professeur au collège de Dieppe.

Lavisse, de l'Académie française, professeur à la Faculté des Lettres de Paris.

Leau, à Rennes.

Lebel, président de la Société chimique de France.

Le Besgue, à Paris.

Lebon, rédacteur du *Bulletin scientifique*.

Lefèvre, professeur au lycée d'Amiens.

Legrand (Mme), à Flanville (Lorraine).

Lemoine (G.), examinateur de sortie à l'École Polytechnique.

Lemoine, ancien élève de l'École Polytechnique.

Le Monnier, professeur à la Faculté des Sciences de Nancy.

Lenient, professeur à la Faculté des Lettres de Paris.

Leteur, préparateur à la Faculté des Sciences de Paris.

Lesobre, professeur au collège de Melun.

Lespiault, professeur et doyen honoraire à la Faculté des Sciences de Bordeaux.

MM.

Le Vavasseur, professeur au lycée de Moulins.

Léauté, membre de l'Institut.

Lévy (L.), examinateur à l'École Polytechnique.

Lévy (M.), membre de l'Institut.

Liotte, lieutenant-colonel en retraite, à Lunéville.

Liard, directeur de l'Enseignement supérieur au Ministère de l'Instruction publique.

Limb, préparateur à la Faculté des Sciences de Paris.

Liouville, répétiteur à l'École Polytechnique.

Lippmann, membre de l'Institut, professeur à la Faculté des Sciences de Paris.

Lœwy (M.), sous-directeur de l'Observatoire, membre de l'Institut.

Longchamps (G. de), professeur au lycée Saint-Louis.

Lozier, à Couëron, Loire-Inférieure.

Malo, inspecteur des Études à l'École Polytechnique.

Mallard, membre de l'Institut.

Malloizel, professeur au collège Stanislas.

Mangeot, professeur au lycée de Troyes.

Maneuvrier, sous-directeur à la Faculté des Sciences de Paris.

Marchand, professeur au lycée de Versailles.

Marcel Deprez, membre de l'Institut.

Marion, professeur à la Faculté des Lettres de Paris.

Mascart, membre de l'Institut, professeur au Collège de France.

Mascart, élève de l'École Normale supérieure.

Mesnard, préparateur à la Faculté des Sciences de Paris.

Metzner, préparateur à la Faculté des Sciences de Paris.

Méray, professeur à la Faculté des Sciences de Dijon.

Méténier, professeur au collège de Saint-Flour.

Michel, répétiteur à la Faculté des Sciences de Paris.

Milhaud, professeur au lycée de Montpellier.

Millot, professeur au lycée de Chambéry.

Millot, professeur au lycée de Versailles.

Millot, chargé d'un cours de Météorologie à la Faculté des Sciences de Nancy.

Milne-Edwards, membre de l'Institut, directeur du Muséum.

Moissan, membre de l'Institut.

Molk, professeur de Mathématiques à la Faculté des Sciences de Nancy.

Monod, conseiller à la Cour de Cassation.

Moutard, inspecteur général des Mines.

MM.

Munier-Chalmas, professeur à la Faculté des Sciences de Paris.

Niewenglowski, professeur au lycée Louis-le-Grand.

Noblemaire, directeur de la Compagnie Paris-Lyon-Méditerranée.

Ocagne (d'), ingénieur des Ponts et Chaussées.

Olivier, directeur de la *Revue des Sciences pures et appliquées.*

Padé, professeur au Lycée, à Lyon.

Painlevé, maître de Conférences à la Faculté des Sciences de Paris.

Paraf, maître de conférences à la Faculté des Sciences de Toulouse.

Pasteur, membre de l'Institut.

Pautonnier (l'abbé), professeur au collège Stanislas.

Pellat, professeur-adjoint à la Faculté des Sciences de Paris.

Perot (Mme).

Perrey, préparateur à la Faculté des Sciences de Paris.

Perrier (E.), membre de l'Institut.

Petit, chargé d'un cours de Chimie agricole à la Faculté des Sciences de Nancy.

Petot, professeur à la Faculté des Sciences de Lille.

Pégouriez, professeur au lycée de Foix.

Philippon (P.), répétiteur à la Faculté des Sciences de Paris.

Philippon (Ch.), secrétaire de la Faculté des Sciences de Paris.

Picart, astronome adjoint à l'observatoire de Bordeaux.

Pinat, à Allevard.

Planchon, directeur de l'École de Pharmacie de Paris.

Poincaré, membre de l'Institut, professeur à la Faculté des Sciences de Paris.

Poirrier, sénateur.

Porchon, professeur au lycée de Versailles.

Potier, membre de l'Institut.

Poujade, professeur au lycée de Lyon.

Prince de Polignac, Londres.

Progreso matematico, à Saragosse.

Prouho, maître de Conférences à la Faculté des Sciences de Lille.

Pruvot, chargé de cours à la Faculté des Sciences de Grenoble.

Puiseux, maître de Conférences à la Faculté des Sciences de Paris.

Rabut, ingénieur des Ponts et Chaussées, à Caen.

Radau, à la *Revue des Deux-Mondes.*

Raffy, maître de Conférences à la Faculté des Sciences de Paris.

Reiset, membre de l'Institut.

MM.

Rey, préparateur à la Faculté des Sciences de Paris.

Riban, chargé de cours à la Faculté des Sciences de Paris.

Ribout, professeur honoraire au lycée Louis-le-Grand.

Riemann, professeur au lycée Condorcet.

Robin, docteur ès Sciences.

Roche, professeur au lycée Louis-le-Grand et son fils.

Rouart, à Paris.

Rouché, professeur au Conservatoire des Arts et Métiers.

Sabatier, directeur des Études au collège Sainte-Barbe.

Sacerdote, professeur au collège Sainte-Barbe.

Saint-Germain (de), doyen de la Faculté des Sciences de Caen.

Salet, chargé de cours à la Faculté des Sciences de Paris.

Sappey, membre de l'Institut.

Sarrau, membre de l'Institut.

Sauvage, professeur à la Faculté des Sciences de Marseille.

Schlœsing, membre de l'Institut.

Schützenberger, membre de l'Institut.

Serret (Paul), Neuilly.

Sébert (général).

Simart, répétiteur à l'École Polytechnique, examinateur à l'École Navale.

Simon, préparateur à la Faculté des Sciences de Paris.

Société mathématique de France.

Sparre (comte de), à Lyon.

Stieltjes, professeur à la Faculté des Sciences de Toulouse.

Stouff, maître de Conférences à la Faculté des Sciences de Montpellier.

Strauss, professeur à la Faculté de Médecine de Paris.

Tannenberg (de), maître de Conférences à la Faculté des Sciences de Nancy.

Tannery (J.), directeur des Études scientifiques à l'École Normale.

Thoulet, professeur d'Histoire naturelle (Minéralogie) à la Faculté des Sciences de Nancy.

Thoux, ingénieur en chef des Ponts et Chaussées.

Tisserand, membre de l'Institut, professeur à la Faculté des Sciences, directeur de l'Observatoire de Paris.

Tissot, ancien examinateur de l'École Polytechnique.

Troost, membre de l'Institut, professeur à la Faculté des Sciences de Paris.

Vacquant, inspecteur général de l'Instruction publique.

Valson, doyen de la Faculté catholique des Sciences de Lyon.

MM.

Velain, chargé du cours de Géographie physique à la Faculté des Sciences de Paris.

Verneuil, membre de l'Institut.

Vesque, maître de Conférences à la Faculté des Sciences de Paris.

Vessiot, maître de Conférences à la Faculté des Sciences de Lille.

Vicaire, ingénieur en chef des Mines.

Violle, maître de Conférences à l'École Normale supérieure.

Vogt, maître de Conférences à la Faculté des Sciences de Nancy.

Wohlgemuth, chargé d'un cours complémentaire de Chimie industrielle à la Faculté des Sciences de Nancy.

Wolf, membre de l'Institut, professeur à la Faculté des Sciences de Paris.

Zaremba, professeur au lycée de Digne.

FIN.

19 05 Paris. — Imprimerie GAUTHIER-VILLARS ET FILS, quai des Grands-Augustins, 55.

www.ingramcontent.com/pod-product-compliance
Lightning Source LLC
LaVergne TN
LVHW021722080426
835510LV00010B/1091
9782019597726